AF240428

CATALOGUE

D'UNE

TRÈS IMPORTANTE COLLECTION

DE

TABLEAUX

MODERNES,

PAR LES PRINCIPAUX ARTISTES FRANÇAIS,

ET D'UNE BELLE RÉUNION

D'ARMES ET ARMURES ANCIENNES,

DES 16e ET 17e SIÈCLES,

ARMES ORIENTALES, OBJETS D'ART ET DE CURIOSITÉ,

Ivoires anciens, Émaux de Limoges, Cristaux de roche et de Bohême, Bronzes,
Porcelaines anciennes, de Chine et de Saxe, Faïence de Faënza et de
Bernard Palissy, Manuscrits, Miniatures, Bijoux en or, Pierres précieuses,

Composant le Cabinet de M. JOSEPH FAU,

dont la vente aux enchères publiques aura lieu,

HOTEL DES VENTES MOBILIÈRES,

Salle n. 3,

RUE DES JEUNEURS, N° 42,

LES LUNDI 7 ET MARDI 8 JANVIER 1850, A MIDI.

Par le ministère de Me **RIDEL**, Commissaire-Priseur,
335, rue Saint-Honoré.
Assisté de M. **SCHROTH**, Expert, Appréciateur de Tableaux,
33, rue de la Fontaine-Molière.
Et de M. **ROUSSEL**, Expert pour les Objets de Curiosité,
33, rue du Dragon.

Chez lesquels se distribue le présent catalogue.

EXPOSITION PUBLIQUE

Salle n° 3,

de midi à quatre heures,

SAVOIR :

Pour les Tableaux, les Dimanche 6 et Lundi 7 Janvier,
Et pour les Armes et autres Objets d'art et de curiosité,
le Dimanche seulement.

—

1850.

CATALOGUE

D'UNE

TRÈS IMPORTANTE COLLECTION

DE

TABLEAUX

MODERNES,

PAR LES PRINCIPAUX ARTISTES FRANÇAIS,

ET D'UNE BELLE RÉUNION

D'ARMES ET ARMURES ANCIENNES,

DES 16e ET 17e SIÈCLES,

ARMES ORIENTALES, OBJETS D'ART ET DE CURIOSITÉ,

Ivoires anciens, Émaux de Limoges, Cristaux de roche et de Bohême, Bronzes, Porcelaines anciennes, de Chine et de Saxe, Faïence de Faënza et de Bernard Palissy, Manuscrits, Miniatures, Bijoux en or, Pierres précieuses,

Composant le Cabinet de M. JOSEPH FAU,

dont la vente aux enchères publiques aura lieu,

HOTEL DES VENTES MOBILIÈRES,

Salle n. 3,

RUE DES JEUNEURS, N° 42,

LES LUNDI 7 ET MARDI 8 JANVIER 1850, A MIDI.

Par le ministère de Me **RIDEL**, Commissaire-Priseur,
335, rue Saint-Honoré.

Assisté de M. **SCHROTH**, Expert, Appréciateur de Tableaux,
33, rue de la Fontaine-Molière.

Et de M. **ROUSSEL**, Expert pour les Objets de Curiosité,
33, rue du Dragon.

Chez lesquels se distribue le présent catalogue.

EXPOSITION PUBLIQUE

Salle n° 2,

de midi à quatre heures,

SAVOIR :

Pour les Tableaux, les Dimanche 6 et Lundi 7 Janvier,
Et pour les Armes et autres Objets d'art et de curiosité,
le Dimanche seulement.

—

1850.

CONDITIONS DE LA VENTE.

Elle sera faite au comptant.

Les acquéreurs paieront en sus des adjudications, cinq centimes par franc applicables aux frais.

ORDRE DES VACATIONS.

Le Lundi 7 : les Armes et les Curiosités.
Le Mardi 8 : les Tableaux.

CATALOGUE

DE

TABLEAUX MODERNES

Par les principaux Artistes Français.

————o—◉—o—o————

BOUCHER.

1 — Le Réveil.

2 — Le Sommeil.

DAVID (Louis).

3 — Une esquisse.

DEDREUX (ALFRED).

4 — Cheval arabe monté par un nègre.

DÉCAMPS.

5 — Jésus pris et mené chez Ponce-Pilate, en butte à l'ironie et aux insultes des soldats.

6 — Pierrot allant prendre son déjeuner.

7 — Pierrot troublé dans son repas.

8 — Joseph vendu par ses frères.

9 — Bohémiens au bord de la mer.

10 — Homme et femme arabes chassant.

11 — Blanchisseuse des environs de Marseille.

12 — Petit paysage avec animaux, de forme ovale.

13 — Vue de la rade de Smyrne.

FLERS.

FOUSSEREAU.

GIROUX (Achille).

GUDIN.

GUASPRE.

GRISI.

GUIGNET.

31 — Le tir à la cible.
32 — Entrée d'une caverne.
33 — Paysage, Soleil couchant.
34 — Paysage.

HOGUET.

35 — Femme au bord de la mer.
36 — Moulin et vaches près d'une mare.
37 — Moulin, esquisse.
38 — Paysage avec cheval blanc.

HUYSESMANS (de Malines).

39 — Chemin éboulé, avec figures.
40 — Autre paysage

ISABEY.

41 — Femme du temps de Louis XV, au bord de la mer.
42 — Bateau pêcheur par un gros temps.

JACQUES.

43 — Cochons.

LEON (Alexandre).

44 — Nature morte.

MARILHAT.

45 — Paysage oriental.

MILLET.

46 — Offrande à Priape.
47 — Femme se reposant au bord d'un ruisseau.

MOZIN.

CATALOGUE

DES

OBJETS D'ART ET DE CURIOSITÉ

ARMURES ET ARMES

DES 16e ET 17e SIÈCLES.

———————

1 — Devant et derrière de cuirasse avec casque, fond noir à bandes blanches d'une armure suisse du XVIe siècle.

2 — Une paire de gantelets gravés.

3 — Armure suisse complète du XVIe siècle, fond noir à bandes blanches.

4 — Armure dito.

5 — Armure allemande du XVIIe siècle, complète.

6 — Derrière de cuirasse et trousquin de selle allemand du XVIe siècle, fond noir à bandes blanches, finement gravé.

7 — Devant de cuirasse allemand du XVIe siècle, richement gravé et doré

8 — Heaume allemand du XVIe siècle, gravé et doré, d'une parfaite conservation.

9 — Beau heaume allemand, richement gravé et doré; *provenant de la collection de M. Sommesson.*

10 — Morion saxon du XVIᵉ siècle, fond noir, richement gravé et doré.

11 — Morion allemand du XVIᵉ siècle, entièrement gravé, remarquable par la hauteur de son cimier.

12 — Belle bourguignotte allemande du XVIᵉ siècle finement gravée ; *provenant de la collection du duc d'Istrie.*

13 — Heaume allemand du XVIᵉ siècle ; il est couvert d'une dorure à l'huile.

14 — Muselière allemande d'un travail délicat en fer, portant une inscription et la date de 1562.

15 — Paire d'éperons en fer, du temps de Louis XIII.

16 — Très beau mousquet à double batterie, du XVIᵉ siècle, monture à crosse recourbée enrichie d'ornements en ivoire, gravé ; *arme très rare et remarquable, provenant de la collection de M. Sommesson.*

17 — Arquebuse à rouet du XVIᵉ siècle, monture à pied de biche avec incrustation en ivoire gravé, d'une parfaite conservation.

18 — Pistolet saxon à rouet, du XVIᵉ siècle, orné d'incrustations ivoire gravé.

19 — Pistolet italien du XVIᵉ siècle, à double canon damasquiné or, *arme fine provenant de la collection de M. Sommesson.*

20 — Baguette-clef-amorçoir pour pistolet à rouet, du XVIᵉ siècle.

21 — Poire à poudre allemande, en corne de cerf
sculpté : Hercule terrassant un lion.

22 — Poire dito, monture en fer gravé, ornée de
deux plaques en porcelaine peinte, représentant des combats.

23 — Belle épée du temps de Louis XIV, la monture en bronze doré, richement ciselée.

24 — Épée allemande du xviᵉ siècle, damasquinée
argent.

25 — Épée idem, monture unie, lame gravée.

26 — Épée idem du xvᵉ siècle, monture en fer
ciselé, avec forte lame.

27 — Epée saxonne du commencement du xviᵉ siècle, monture noire, elle est garnie de son
fourreau du temps.

28 — Deux épées suisses, à deux mains.

29 — Claymore écossaise, la monture en bronze
doré.

30 — Idem, la monture en fer poli.

31 — Dirck écosssais garni en argent ciselé.

32 — Belle pertuisanne allemande du xviᵉ siècle;
le fer finement gravé.

33 — Deux pertuisannes, un fauchard, une hache
à marteau et une hallebarde. Ce lot sera
divisé.

34 — Une masse d'arme.

35 — Bouclier en fer richement gravé.

36 — Bouclier italien du xviᵉ siècle, en cuir gauf-
fré, représentant différents sujets en relief.

36 bis — Dague espagnole, main gauche.

37 — Grand couteau ou poignard persan, fourreau
    couvert en peau de chagrin.

38 — Poignard de Trabisonde, poignée en vache
    marine, enrichie d'argent ciselé doré et
    coraux; fourreau en argent ciselé.

39 — Poignard persan, poignée ivoire, lame da-
    mas, garniture en bronze.

40 — Poignard indien, dit Cathare, la monture
    en fer plaqué or gravé; fourreau garni
    en argent.

47 — Poignard dito, belle monture richement da-
    masquinée en argent.

42 — Yatagan de Trabisonde, poignée ivoire enri-
    chie de filigrane d'argent doré, et coraux;
    fourreau argent ciselé.

43 — Yatagan arabe, fourreau et poignée en ar-
    gent richement ciselé.

44 — Poignard circassien, lame damas, fourreau
    et poignée garnis en argent niellé.

45 — Giberne albanaise en argent ciselé et niellé
    servant à serrer le Coran.

46 — Pistolet double, turc, à une seule platine,
    double bassinet, poignée et garniture en
    argent doré, monture incrustée d'argent.

47 — Beau marteau d'arme turc en fer ainsi que
    la hampe garnie en fer damasquiné ar-
    gent.

48 — Poire à poudre et chargette graduée de
    Trabisonde en argent doré richement ci-
    selé, ornée de coraux.

49 — Poire à poudre style mauresque en cuivre gravé.

50 — Paire d'étriers turcs en cuivre doré ciselé.

51 — Fusil albanais, la monture enrichie d'ornements mosaïque en cuivre et nacre de perle enrichi de capucines en argent ciselé

52 — Fusil égyptien, canon damas rubané, la monture plaquée en ivoire et vache marine enrichie de mosaïque cuivre et pierreries.

53 — Carabine de Trabizonde, canon en damas ciselé, damasquiné or, la monture garnie en argent ciselé enrichie de coraux.

54 — Fusil indien à mèche de Lahore, le canon entièrement damasquiné argent.

55 — Carabine turque, canon damas riche damasquiné or en relief, monture garnie de mosaïque cuivre.

56 — Sabre polonais du XVIe siècle, lame cannelée circassienne, monture en fer damasquinée argent gravé, poignée en corne ornée d'appliques en argent gravé.

57 — Oliphan indien en ivoire sculpté, sujets de chasse.

58 — Oliphan id. uni.

59 — Costume d'enfant Albanais richement garni de passementerie et galons argent.

60 — Un fusil turc garni en argent, avec incrustations.

61 — Fusil albanais à crosse recourbée.

62 — Poignard circassien garni en argent niellé.
63 — Kangiar persan, lame damas, poignée en rhinocéros.
64 — Flissab, arme de la Kabylie.
65 — Petite hache en fer damasquiné.

OBJETS D'ART ET DE CURIOSITÉ.

66 — Soupière en porcelaine de Saxe, avec son plateau.
67 — Grande pipe, avec son tuyau en ivoire.
68 — Boule persanne à brûler des parfums en cuivre ciselé, damasquiné argent, garnie de sa cassolette dans l'intérieur.
69 — Une coupe du même travail.
70 — Bouteille de narghilé en métal damasquiné.
71 — Pipe chinoise en métal.
72 — Pipe chinoise plaquée écaille, à fumer l'opium, avec son nécessaire.
73 — Bouquin de pipe en ambre.
74 — Vase à couvercle persan en bronze avec ornements et caractères arabes.

75 — Manuscrit arabe des Mille et une Nuits et Contes inédits en quatre volumes, ouvrage rare parfaitement conservé.

76 — Groupe indien en albâtre, le dieu Wisnou, sa femme et son fils.

77 — Deux grands éventails persans, les hampes et les montures en bois ornées de peintures laquées.

78 — Deux théières en terre de Bocaro dont une émaillée.

79 — Paire de flambeaux turcs en cuivre émaillé.

80 — Un vase en coco, monture en cuivre doré enrichi de pierreries.

81 — Deux figures de saints en ivoire.

82 — Trois plats gothiques en cuivre repoussé.

83 — Un pied de candélabre surmonté d'une lampe riche d'ornements bronze florentin.

84 — Chronomètre, boîte en argent.

85 — Tête de saint en bois peint formant reliquaire.

86 — Paire de flambeaux en cuivre formé de colonnes cannelées.

87 — Un flambeau formé par une statuette d'homme debout.

88 — Sainte Bible en français, imprimée à Lyon, en 1561, enrichie d'un grand nombre de vignettes gravées.

89 — Calice à couvercle pied élevé en cristal de Bohème, finement gravé.

90 — Un groupe de trois figures porcelaine de Saxe, la Bonne mère.

91 — Deux figures porcelaine, Jeunes filles faisant de la musique.

92 — Deux burettes en porcelaine de Chine décorées de mandarins et caractères chinois

93 — Petit vase en ancien craquelé fleuri sur pied en bois de fer sculpté.

94 — Un Chinois pierre de lard et un éléphant, pièce d'échec en ivoire.

95 — Trois pièces dont un petit vase en biscuit.

96 — Un couteau avec sa gaine en ivoire sculptée, poignée formée d'Hercule couvert de la peau de lion, le fourreau avec la déesse Minerve casquée portant un bouclier.

97 — Statuette en ivoire : Diane et deux chiens.

98 — Grand triptyque en ivoire du XIVᵉ siècle, représentant la vie de la Vierge. La grandeur peu commune de cette pièce, la multiplicité des figures, leur fini et leur belle conservation doivent la faire considérer comme une des plus importantes de ce genre, provenant du cabinet de M. Sommesson.

99 — Un collier, deux boucles d'oreilles et une bague composée de 26 camées agate du 16ᵉ siècle, le tout monté en or.

100 — Une montre à répétition en or émaillé, à sujet pastoral du temps de Louis XV.

101 — Environ vingt médaillons pour broches ornés de miniatures sur émail.

102 — Deux petits cabinets en vieux laque du Japon, garnis de tiroirs.

103 — Boîte à ouvrage ornée d'incrustations en
ivoire, travail de l'Inde.

104 — Plat rond en faïence de Bernard Palissy :
berger et bergère.

105 — Deux petits plats arabesques et armoiries
émaillées en couleur sur fond blanc,
faïence de Faenza.

106 — Quatre médaillons ronds en bronze :
Henry II, Henry III, Charles IX et Cathe-
rine de Médicis.

107 — Plusieurs belles cruches en grès de Flandre
richement décorées d'arabesques et de
figures émaillées en bleu et en gris, garnis en étain.

108 — Une croix avec christ en cuivre, ornée de
plaques en émail byzantin sur les deux
faces.

109 — Une petite pendule en ébène du temps de
Louis XIII, ornée de colonnes et garnie
en cuivre doré.

110 — Coffre gothique en fer.

111 — Vase à une anse en faïence de Faenza.

112 — Vase en faïence de Faenza orné de deux
médaillons et feuillages.

113 — Autre vase orné d'arabesques et d'un médaillon à sujet.

114 — Le Baptême de Saint-Jean, petit plat ovale
de Bernard Palissy.

115 — Deux cipes en ivoire, sujets de bataille,
montés en cuivre doré.

116 — Deux vases faisant flambeaux en émail de
        Chine, très richement décorés d'arabes-
        ques en couleur sur fond d'émail bleu
        turquoise.

117 — Coffret à tiroir en ivoire, couvert d'orne-
        ments en relief, travail de l'Inde.

118 — Autre coffret garni de colonnettes et d'orne-
        ments en albâtre.

119 — Bas-relief en ivoire : la Sainte-Famille.

120 — Petit nécessaire dans un étui en peau de
        chagrin, garni de cercles rehaussés en
        or.

121 — Diptyque orné de deux bas-reliefs en ivoire
        du xv⁰ siècle.

122 — Le Christ et la Vierge; émaux de Limoges.

123 — Esther et Jadilhe; deux médaillons émaux
        de Limoges.

124 — Triptyque du xiiie siècle, dans sa monture,
        marquetée d'ivoire et de bois.

125 — Éventail vernis de Martin, sur ivoire; sujets
        d'après Wateau.

126 — Médaillon ovale : la Vierge; émail à paillons
        de Limoges.

127 — Cadre en bois sculpté, découpé à jour et
        doré.

128 — Quatre grandes figures en pierre de lard.

129 — Onze figurines en ivoire; travail indien.

130 — Une plaque en cristal de roche gravée en
        creux.

Imp. Maulde et Renou , rue Bailleul. 9-11.   2476

9 782329 077192